COMPTE RENDU

DU

CONGRÈS SCIENTIFIQUE

INTERNATIONAL

DES CATHOLIQUES

TENU A PARIS

DU 1er AU 6 AVRIL 1891

PARIS

ALPHONSE PICARD, ÉDITEUR

82, RUE BONAPARTE, 82

—

1891

LE BÉNÉFICE

SOUS LES DEUX PREMIÈRES RACES

MACON, PROTAT FRÈRES, IMPRIMEURS

COMPTE RENDU

DU

CONGRÈS SCIENTIFIQUE

INTERNATIONAL

DES CATHOLIQUES

TENU A PARIS

DU 1ᵉʳ AU 6 AVRIL 1891

LE BÉNÉFICE
SOUS LES DEUX PREMIÈRES RACES

PAR

M. L.-J. CLOTET

Docteur en Droit

PARIS

ALPHONSE PICARD, ÉDITEUR

82, RUE BONAPARTE, 82

—

1891

LE BÉNÉFICE

SOUS LES DEUX PREMIÈRES RACES

Par M. L.-J. CLOTET,

Docteur en droit

Le bénéfice est peut-être l'institution de l'empire franc dont il soit le plus souvent question dans les documents contemporains. Les formules nous donnent le modèle de ses principales applications. Les diplômes en fournissent des exemples variés. Les polyptyques les nomment à plusieurs reprises. De fréquentes allusions y sont faites dans les chroniques. Cependant quand on considère l'obscurité du sujet, il semble que d'aussi nombreux moyens d'information aient plus servi à cacher la lumière qu'à la répandre. La quantité de documents paraît avoir été un embarras plus qu'un secours. L'abondance des informations a plus servi à multiplier les doutes qu'à les dissiper. Pour Guizot et les historiens de son école, le bénéfice n'est pas autre chose que le fief, ce qui placerait le commencement de la féodalité sous les premiers Mérovingiens. La tendance actuelle est d'y voir, sinon le fief lui-même, du moins un de ses ancêtres. Si la pratique des bénéfices, admet-on, n'est pas la même chose que la féodalité', elle en a du moins préparé la formation ; le bénéfice est une tenure, c'est-à-dire une terre assujettie à certains services, et dont l'usage a précédé celui du fief. Mais si le bénéfice appartient à la même catégorie de biens que l'emphytéose, la censive, ou même simplement l'usufruit, la pratique, à défaut de la loi, doit en avoir fixé les conditions et les effets. Sur quoi porte-t-il ? à qui peut-il être concédé ? de quelles charges la concession est-elle grevée ? quelle en est la durée et l'étendue ? A toutes ces questions, il semble que les documents se soient plu à fournir les réponses, non seulement les plus variées, mais encore les plus contradictoires. Ils nous montrent le bénéfice concédé à de puissants personnages et à des serfs, ayant pour objet les choses les plus diverses, depuis les immeubles jusqu'aux sommes d'argent, entraînant les obligations les plus lourdes ou dispensé au contraire de toute espèce de charges, tantôt révocable à volonté, tantôt viager ou perpétuel. Comment rassembler ces divergences et concilier ces contraires ? Malgré le jour plus vif que de récents travaux ont répandu sur le sujet, il y demeure encore bien des parties obscures. Une exploration nouvelle, dût-elle demeurer sans résultat, n'est donc pas sans objet, parce que, s'il est douteux que la question ne soit pas insoluble, il est du moins certain qu'elle n'est pas encore résolue.

I

La première remarque à faire est que le bénéfice n'est jamais désigné dans les textes que par le mot latin *beneficium* dont le mot français n'est que la reproduction. C'est une différence entre lui et la plupart des institutions de l'empire franc qui ont toujours deux noms, l'un emprunté au latin, l'autre d'origine germanique. Ainsi le représentant du roi dans la cité s'appelle indifféremment *comes* ou *graf*, celui qui est préposé à la surveillance des frontières porte le nom de *dux* ou de *marchio* ; le *vicarius* des Capitulaires semble bien être, de même que le *thunginus* de la loi salique, un auxiliaire du comte ou un officier royal. Selon la langue qu'on parle on dit indifféremment leude ou fidèle, convive du roi ou antrustion. Ces express'ons synonymes désignaient des institutions analogues à Rome et chez les Francs, et dont le rapprochement a amené l'assimilation. Que faut-il conclure de l'unité de dénomination que l'on constate pour le bénéfice ? C'est qu'il est d'origine romaine ou bien qu'il est né des circonstances et de l'état de choses nouveau amené par l'invasion, autrement dit, que les Germains ne l'ont pas introduit dans l'empire, mais qu'ils l'y ont rencontré. Pour déterminer la nature de la chose en précisanṭ la signification exacte du mot, c'est donc aux habitudes de langage et d'esprit des Romains qu'il faut avant tout se reporter.

Or, dans le latin classique aussi bien qu'à l'époque franque le mot bénéfice a deux sens, dont le second, d'ailleurs, n'est qu'une dérivation du premier.

1° L'acception primitive et étymologique est celle de bienfait. C'est dans ce sens que l'emploient non seulement les auteurs du IVe et du Ve siècle, mais Cicéron et ses contemporains. *Beneficii causa, per beneficium, in beneficii loco*, sont des expressions qui reviennent à chaque instant dans leurs écrits. C'est aussi le sens qu'a le mot *beneficium* chez les chroniqueurs et les rédacteurs de formules. On ne dit pas, dans les diplômes et les autres actes de l'époque franque, « recevoir un bénéfice », mais, « recevoir à titre de bénéfice, par bénéfice », c'est-à-dire à titre de bienfait, de faveur ou de libéralité.

2° Le mot bénéfice tout en continuant à désigner les circonstances dans lesquelles une chose est remise, a été employé pour désigner aussi cette chose. Déjà, dans la langue classique, il s'applique quelquefois au bien donné lui-même ; à l'époque franque, il sert à indiquer, en même temps que la concession, l'avantage qu'elle a pour but de conférer. Cette signification a commencé par s'ajouter à la première et a fini par s'y substituer. C'est ainsi qu'on dit « les bénéfices royaux, les bénéfices ecclésiastiques », etc. Mais, tout en lui laissant la valeur que l'usage des contemporains a consacrée, il ne faut pas oublier que c'est à l'idée de faveur qu'il répond avant tout, qu'on l'applique à l'acte lui-même ou à la chose qui en est l'objet.

Il y a donc bénéfice, c'est-à-dire bienfait dans le sens juridique de l'expression, chaque fois qu'une personne remet une chose à une autre sans exiger en retour une prestation réputée équivalente, mais à titre de faveur ou de libéralité réelle ou supposée. Cette définition nous fait connaître deux séries de cas auxquels convient le mot de bénéfice et dans lesquels nous le voyons effectivement employé.

1° Nous sommes en présence d'un bénéfice chaque fois qu'il est fait une libéralité pure et simple, autrement dit, une donation. Le bénéfice sert alors à réaliser une intention bienveillante, à récompenser des services passés, à provoquer par la reconnaissance des services à venir. La règle commune à ces applications diverses, c'est qu'il n'entraîne, à la charge du concessionnaire ou bénéficier, aucune obligation particulière, à l'exception de celles dont le donataire est tenu envers le donateur. On a nié que l'expression de bénéfice convînt à ce cas, sous prétexte qu'elle s'y applique rarement. Mais la seule conclusion à retenir, c'est, non qu'une donation pure et simple ne constitue pas un bénéfice, mais qu'il y a très-peu de bénéfices qui soient des donations pures et simples.

2° Le bénéfice n'est le plus souvent concédé qu'en retour d'un service déterminé, quelquefois très-lourd. La concession n'est plus gratuite qu'en apparence et devient en réalité à titre onéreux. Qu'est-ce qui peut amener les parties à présenter comme une faveur accordée ou reçue un acte dans lequel chacun poursuit un but intéressé ? C'étaient deux motifs différents bien que très-souvent réunis.

1° Les services que se réservait le concédant n'étaient pas de ceux qui peuvent être l'objet d'un contrat véritable. On oublie trop volontiers que dans le droit romain, dont le droit germanique ne semble pas s'être séparé à ce point de vue, chaque contrat avait ses conditions propres et ses effets particuliers. C'était un instrument très-peu simple dont le maniement était réglé soigneusement et l'usage strictement limité. Ainsi les faits ne pouvaient être l'objet d'une vente, ni les services libéraux celui d'un louage. Ce n'est que très-tard et encore incomplètement, sauf dans le droit de Justinien, qu'on y admit, sous le nom de pactes adjoints, les clauses tendant à en modifier les dispositions ordinaires. Comme le nombre en était restreint, beaucoup de conventions parfaitement licites étaient ainsi dépourvues de toute sanction. La loi ne les prohibait point, mais comme elle ne les permettait pas non plus, elle les frappait par cela même de nullité. Il fallait bien alors que les parties eussent recours à un moyen détourné. Celui qui se réservait les services d'un autre lui abandonnait immédiatement la récompense convenue et il était formellement déclaré que ce n'était pas une obligation dont il s'acquittait, mais une pure faveur qu'il accordait, et que par suite, l'autre partie devait lui en témoigner sa reconnaissance en tenant fidèlement sa parole. On en arriva par ce procédé à voir un bénéfice dans toute prestation dont le prix n'était ni une somme d'argent, ni une chose dans le commerce; par exemple des devoirs personnels à remplir, une déférence à avoir, des ordres plus ou moins stricts à exécuter. Il fut le moule dans lequel on coula la plupart des conventions qui ne trouvaient point place dans le cadre étroit et inextensible des contrats reconnus.

2° Quand on déclare qu'une chose est remise à titre de bénéfice, c'est-à-dire de bienfait ou de faveur, celui qui en profite est réputé avoir reçu un avantage gratuit, quelle que soit l'obligation, lourde ou légère, qu'il assume en retour. Ce mensonge juridique a lieu chaque fois que l'une des deux parties fait la loi à l'autre, ce que l'extrême inégalité des conditions sociales rendait fréquent aux époques mérovingienne et carlovingienne. L'avantage qu'y trouve le concédant est de s'assurer des titres à la reconnaissance ou au respect du concessionnaire et surtout de pouvoir lui retirer la faveur accordée aussitôt que les conditions cessent d'en être remplies.

En résumé, la concession d'un bénéfice, en dehors de cas très-rares où elle constitue une libéralité pure et simple, est un acte à titre onéreux accompli sous la forme d'une donation avec charges, qui met le bénéficier, par rapport au concédant, dans la situation d'un donataire vis-à-vis d'un donateur et l'oblige à tous les devoirs dont on est tenu en cette qualité.

Sans nier cette signification première et étymologique du mot *bénéfice*, on pourrait contester toutefois que ce soit la principale et surtout la seule qu'il ait présentée. Rien n'empêche, en effet, que de la pratique dont il vient d'être question il ne soit sorti, à la longue, une tenure véritable sur laquelle il aurait fini par se fixer. Pour aboutir à une constatation définitive, il faut donc passer en revue l'une après l'autre toutes les situations à propos desquelles les textes l'emploient et voir si elles se ramènent à autre chose qu'à l'idée de donation ou de concession gratuites, en réalité ou en apparence.

Le plus ancien exemple de bénéfice entendu de la façon qui vient d'être exposée se rencontre à Rome. Il y avait non seulement la chose, mais encore le mot. Dès l'époque d'Alexandre Sévère, on appelait bénéfices des terres concédées aux vétérans à charge de service militaire. L'état en était dressé dans un livre spécial, appelé *liber beneficiorum*, tenu par le comte du domaine privé de l'empereur. Ce bénéfice était perpétuel et héréditaire. Qu'il réponde à l'idée de bienfait, c'est ce qui est manifeste. D'un côté, la munificence impériale pouvait être considérée comme la manifestation d'une intention bienveillante. D'un autre côté, le service militaire spécial qui en était la condition ne donnait pas lieu à un contrat véritable. Si l'on refuse de reconnaître dans ces concessions un bénéfice, c'est qu'on n'y retrouve pas les caractères dont on le gratifie ordinairement; mais la question est précisément de savoir quels sont ces caractères et surtout s'ils sont de l'essence du bénéfice.

Toutefois, c'est dans l'empire franc qu'apparaissent les espèces les plus variées de concessions bénéficiaires. Les unes sont consenties par le roi, les autres par les particuliers. Il en est qui consistent dans des mesures d'administration, d'autres qui ne sont que des actes purement privés. Toutes continuent à être présentées comme la réalisation d'une disposition bienveillante, la manifestation d'une volonté favorable à une sollicitation.

Un ou plusieurs bénéfices étaient la rémunération des fonctions publiques. A l'exception d'une part dans les amendes et d'autres profits de cette nature, les agents du roi, à quelque degré que ce fût, n'avaient pas d'autres appointements. Des terres considérables servaient à défrayer les grandes charges, des domaines moindres les plus petites. C'était au fonctionnaire de tirer le meilleur parti possible du domaine dont la jouissance lui était laissée.

Les bénéfices ecclésiastiques ne sont pas autre chose à l'origine que des biens dont le revenu est destiné à rémunérer des offices religieux. Dans le principe, tous les biens de l'église étaient à la disposition de l'évêque qui en distribuait la jouissance aux clercs selon leurs besoins personnels et les exigences de leur ministère. Plus tard, un bien déterminé se trouva affecté à chaque fonction pour en entretenir le titulaire. Les bénéfices ecclésiastiques, s'ils n'avaient pas le même objet, étaient donc de même nature que les bénéfices civils. Seulement le sort des deux institutions n'a pas été le même. Chacune d'elles s'est ressentie de la stabilité si différente des principes dont elles assuraient l'application. Les bénéfices civils ont péri avec la constitution dont ils formaient un rouage ; les bénéfices ecclésiastiques ont subsisté à travers beaucoup de vicissitudes jusqu'à la Révolution. Mais ce que nous savons des uns, dont l'existence s'est prolongée jusqu'à nous, peut nous donner une idée des autres. C'est le même objet, le même rôle et le même mot.

Chose remarquable, ce n'est pas seulement la remise d'un bien quelconque destinée à rémunérer une fonction publique ou ecclésiastique, c'est encore la concession de la fonction elle-même que nous voyons présentée comme constituant un bénéfice.

Si c'est d'une fonction publique qu'il s'agit, l'application du mot à cet acte s'explique très-bien à l'époque franque. Une charge de duc, de comte, de viguier était dans les idées du temps un bien comme un autre, à l'exemple d'ailleurs de la royauté elle-même. On y voyait, non un office à remplir, mais des revenus à percevoir. Les avantages qui s'y trouvaient attachés en faisaient un objet d'exploitation. C'était, outre la jouissance de domaines plus ou moins considérables, une part dans le produit des amendes, une portion des biens confisqués et surtout les profits de toutes sortes, licites ou illicites, mais toujours considérables, que le fonctionnaire avait le droit, ou tout au moins le moyen, de réaliser. Ce point devue prévalait si bien que le roi donnait souvent les fonctions contre argent comptant. Mais comme le plus souvent il n'exigeait rien en retour, ou que ce qu'il demandait était toujours inférieur à ce qu'il donnait, la désignation était réputée gratuite et constituait une faveur, c'est-à-dire un bénéfice.

Ce qui peut paraître plus étrange, c'est que des clercs et même des laïques reçoivent du roi, en bénéfice, des évêchés et des abbayes. Les chroniqueurs en citent cependant de fréquents exemples et leur langage est parfaitement d'accord avec l'idée de bénéfice, d'une part, et le mode de désignation aux fonctions ecclésiastiques, d'autre part.

D'après la coutume ancienne consacrée par les canons, c'était aux moines de choisir leur abbé, au clergé et au peuple d'une ville de désigner le nouvel évêque que devaient consacrer les autres évêques de la paroisse et le métropolitain. Mais la royauté, jalouse de l'autorité de plus en plus grande qu'exerçaient les évêques et les chefs de monastère, chercha, sinon à l'amoindrir, du moins à en choisir elle-même les dépositaires. Les rois prétendirent au droit de confirmer l'élection faite, puis de conseiller l'élection à faire. En fait, surtout sous les premiers Carlovingiens, c'est à eux qu'appartenait la nomination, parce que les religieux n'osaient repousser leurs candidats ni les évêques refuser de les consacrer. Or, un évêché ou une abbaye, indépendamment du pouvoir très-recherché qu'ils conféraient, mettaient ceux qui en étaient investis dans une situation matérielle analogue à celle d'un duc ou d'un comte. Quand il voulait récompenser quelques-uns de ses fidèles en les enrichissant, le roi leur distribuait ces hautes fonctions aussi bien que les commandements lucratifs. La première catégorie de concessions constituait un bénéfice au même titre que la seconde.

C'était quelquefois, comme sous l'Empire, le service militaire qui était exigé en retour du bénéfice. Un capitulaire ne laisse aucun doute à cet égard : répondre à l'appel avant tous les autres est le devoir de certains bénéficiers. L'utilité de ces concessions ne semble pas se concilier très-bien avec l'obligation imposée à tous les hommes libres sans exception sous peine de l'énorme amende de 60 solides. Pourquoi le roi achetait-il ce qui lui était dû? A quoi bon fournissait-il quelque chose pour obtenir ce qu'il avait pour rien? L'explication est dans la différence des deux services. L'homme qui n'a pas de bénéfice n'est appelé que s'il possède de quoi s'équiper et se nourrir; il ne doit partir qu'à des époques déterminées. En fait, la royauté avait fini par ne plus guère compter sur lui. L'homme payé pour combattre, au contraire, ne peut se retrancher derrière l'insuffisance de ses ressources personnelles; il est en toute saison à la disposition du roi; il forme avec ses compagnons une véritable armée mercenaire et permanente, distincte à beaucoup d'égards de l'armée nationale.

La concession bénéficiaire servait encore à payer la fidélité de ceux qui se mettaient plus particulièrement sous la dépendance du roi. Les princes francs n'eurent jamais l'illusion que leurs sujets leur fussent attachés par un lien bien solide. Aussi cherchèrent-ils d'abord à renforcer et finalement à remplacer les rapports légaux par des rapports personnels et volontaires. L'engagement des antrustions et plus tard des *vassi* n'a pas d'autres causes. A quels devoirs particuliers ces hommes étaient-ils astreints? En quoi leur serment différait-il de celui que prêtaient les autres hommes libres? Peu nous importe ici. Un fait hors de doute, c'est qu'il était plus énergique. Quels qu'aient pu être les souvenirs de l'ancien compagnonnage germanique, quelle qu'ait été la permanence du dévouement de l'homme à son chef, il est bien certain que cette obéissance achetée devait se payer très-cher et que, pour être absolu, ce dévouement n'était pas désintéressé. Un bénéfice était la récompense naturelle de ces engagements. Il était la solde des fidèles du roi, de même que les appointements de ses serviteurs.

De tous les bénéfices dont les diplômes nous fournissent des exemples, le plus remarquable, parce qu'il est le plus étranger à l'idée de tenure, c'est la concession d'immunité. On nomme ainsi la faculté accordée par le roi à un grand propriétaire, laïque ou ecclésiastique, d'interdire l'entrée de son domaine aux fonctionnaires publics, ducs, comtes, viguiers, qui ne peuvent y pénétrer pour quelque cause que ce soit, ni pour y percevoir l'impôt, ni pour y rendre la justice, ni pour y faire des levées, ni pour y exercer un droit quelconque. Le mot est latin, la chose est toute barbare. Elle est le fruit de l'état de décomposition dans lequel se trouvait l'empire franc dès sa formation. Chacune des deux parties en présence, le propriétaire qui sollicitait la mesure, le roi qui l'accordait, cherchait dans ce moyen un remède aux violences et aux désordres où s'abîmait la société : l'immunisté n'avait plus à redouter les abus de pouvoir auxquels se livraient les agents locaux, le roi espérait fortifier son autorité en s'épargnant l'intermédiaire de représentants indépendants et indociles. L'acte se ramenait ainsi à la substitution du concessionnaire au fonctionnaire royal. Qu'il ait les caractères généraux du bénéfice, c'est ce qui est manifeste. L'immuniste le sollicite comme une faveur, le roi l'accorde comme un bienfait. Mais à part ce trait commun et unique, combien diffère-t-il de tous les autres bénéfices ! Ce qui en fait l'objet, c'est un privilège dans le sens le plus parfait de l'expression. Aucune attribution de terre, aucune donation pécuniaire ne s'y joint nécessairement; néanmoins l'intention qui y a présidé suffit pour le faire mettre à côté de tous ceux, d'un caractère cependant si différent, que nous avons rencontrés.

Faut-il voir un bénéfice dans la concession en précaire ? M. Fustel de Coulanges l'affirme, et il a raison, car les textes disent positivement que la précaire est un bénéfice. M. Garsonnet et les auteurs dont il adopte l'opinion le nient, et ils n'ont pas tort, car il n'y a rien de commun entre les effets de la précaire et ceux du bénéfice tel qu'on le définit d'ordinaire. La vérité est que la précaire est un bénéfice de la façon dont nous le comprenons, mais que beaucoup d'autres applications du bénéfice n'ont rien de commun avec la précaire. Qu'est-ce, en effet, que cette tenure ? Les applications en sont assez différentes, mais elles se ramènent toutes à une même idée. C'est un mode d'exploitation des biens, et en particulier de la terre. Il y a précaire (*precarium* dans le latin classique, *precaria* à l'époque franque), lorsqu'une personne, sur la demande d'une autre, lui abandonne la jouissance d'une chose à charge pour le concessionnaire de reconnaître toujours le droit du concédant et même, dans le principe, de tout lui restituer à la première réquisition. En théorie, la concession est gratuite, du moins à l'origine ; en fait, elle est à titre onéreux ; le plus souvent elle remplace le bail avec lequel elle présente deux différences qui, à partir du VII⁰ siècle, expliquent la substitution de l'un de ces procédés à l'autre. 1° Tandis que le bail laisse les deux contractants sur un pied parfait d'égalité, la précaire, par la façon même dont elle se forme, c'est-à-dire au moyen d'une supplique du concessionnaire, le place dans un état voulu d'infériorité à l'égard du concédant. 2° Dans la précaire, le concédant laisse au concessionnaire la jouissance, mais il ne s'engage nullement à la lui procurer, comme fait le bailleur, en maintenant le fonds en bon état et en faisant les réparations nécessaires. Cet arrangement convient donc mieux que le bail à un régime où il existe entre les personnes une si complète inégalité. Il a l'avantage très-apprécié de se modeler sur la condition des parties et de transporter dans leurs relations contractuelles les caractères de leurs relations sociales. Sans doute il en est fait encore d'autres applications. Ainsi, de même que le bail, il intervient entre un créancier gagiste et un débiteur. Le premier, après avoir reçu la chose, la restitue provisoirement au second pour que celui-ci continue à s'en servir jusqu'à l'échéance. Il arrive souvent qu'une personne remet sa terre à un grand propriétaire pour la reprendre ensuite avec une autre ou avec une somme d'argent à titre de précaire. Cet emploi de la précaire n'est qu'une forme de l'aliénation à fonds perdu ou une constitution de rente viagère. Enfin, après que les rois eurent enlevé à l'Eglise une partie de ses biens pour les distribuer à leurs leudes, il fut décidé, en manière de réparation, que les donataires ne les conserveraient pas perpétuellement en propriété, mais les garderaient en précaire pendant leur vie seulement. Mais, dans tous ces emplois, aussi bien que dans son application principale, la précaire garde son caractère primitif. C'est une faveur que le concédant fait au précariste ou, ce qui revient au même, qu'il est supposé lui faire. Elle répond donc à l'idée de bénéfice pris dans le sens étymologique, et l'on s'explique très bien que les textes la désignent par cette expression.

Quelquefois le bénéfice est conféré moyennant des prestations d'un ordre très-inférieur, telles que des corvées ou des redevances. Souvent ce sont des terres incultes qui sont données ainsi pour être mises en culture. Dans ces cas, il confine de très-près aux tenures de différentes sortes qu'on ne cesse cependant pas de lui opposer. Mais il en reste néanmoins séparé par une distinction ; c'est que la différence entre l'avantage conféré et le service exigé, bien que celui-ci devienne alors plus ou moins appréciable en argent, laisse à la concession son caractère essentiel de libéralité. La cause déterminante de l'acte est toujours, au moins en apparence, une intention bienveillante du concédant pour le concessionnaire. Il n'y a point là, à ne considérer la convention que par cet aspect, une spéculation ordinaire, un échange de ser-

vices où chacun cherche à obtenir au moins une équivalence. Qu'une prétendue libéralité cache en réalité une affaire, c'est ce qui est possible, mais le
soin de la présenter comme une attribution de bénéfice montre que, pour une
des parties au moins, il y avait intérêt à en dissimuler le vrai caractère.

II

Le bénéfice n'est donc, en somme, qu'une donation, quelquefois pure et
simple, le plus souvent avec charges, et charges de nature très-diverse. En
nous le représentant ainsi, nous résolvons une question véritablement insoluble pour tous ceux qui s'en font une autre idée. Quelles sont les règles du
bénéfice, autrement dit, quelles en sont les conditions et les effets ? La
réponse est qu'il n'en existe aucune, puisque tout, effets et conditions, dépend
des circonstances de l'acte. Comme ces circonstances peuvent varier à l'infini, les règles de la concession présentent la même diversité. Ce ne sont pas
celles d'une tenure particulière, ce ne sont ni plus, ni moins que celles par
lesquelles se gouvernent les fonctions publiques ou ecclésiastiques, la précaire, la vassalité, etc. Il suffit, pour s'en convaincre, de relever dans les
textes ce qu'ils nous apprennent avec une apparence de contradiction sur
son objet et sur ses conséquences.
On pouvait donner en bénéfice tout ce qui pouvait faire le sujet d'une
libéralité. Le bénéfice avait ainsi pour objet toute espèce de choses, de l'argent, des immeubles, le droit de percevoir des redevances, la dîme établie
au profit de l'Eglise, des chevaux, des armes ; quand il consistait dans la
nomination à une fonction publique ou ecclésiastique, c'étaient les émolu-
ments de toute nature qui s'y trouvaient attachés. Mais de toutes les choses
remises en bénéfice, celle dont il est le plus fréquemment question dans les
textes, ce sont les immeubles. La cause n'en est pas, comme on l'a prétendu,
que seuls ils soient susceptibles d'être conférés à ce titre. Ce sont les conditions économiques de la société franque qui en font plus que de n'importe
quel autre avantage l'objet, non pas unique, mais naturel de la concession
bénéficiaire. Un fait très-connu, mais insuffisamment remarqué, est l'absence,
presque complète à cette époque, du numéraire. Presque tout l'or et l'argent
en circulation dans l'empire avait disparu, dépensé en tributs aux barbares,
détruit dans le désordre des invasions, enfoui dans des cachettes oubliées,
retiré du commerce pour être affecté aux ornements des églises ou à la parure
des saints. On manquait de moyens d'échange pour les transactions ; la terre
alors tenait lieu de monnaie : l'abondance des immeubles permettait aux
acquéreurs de se les procurer aisément ; le besoin que chacun en avait
laissait aux aliénateurs toute facilité pour s'en défaire. Cette circonstance est
le seul trait original de la pratique des bénéfices, mais il est essentiel. La
terre ne se comporte pas comme la fortune mobilière, elle s'incorpore l'homme

et le retient au lieu de l'accompagner comme l'or et l'argent. De sa nature c'est un capital et non un objet d'échange courant. Ce renversement de rôle dans l'emploi des richesses ne pouvait manquer d'avoir des conséquences incalculables ; c'est grâce à lui qu'un fait normal, ordinaire, l'achat de partisans, la rétribution des fonctionnaires, a pu introduire finalement un changement absolu dans le gouvernement et la société. Que le monde eût été alors plus pourvu de métaux précieux, le fief, dans la mesure où il se rattache au bénéfice, n'aurait peut-être pas existé, du moins tel qu'il devint, et la féodalité aurait été tout autre.

On s'est demandé encore à qui le bénéfice pouvait être concédé. Il est bien plus simple de rechercher quelles sont les personnes en état de remplir les services dont il est d'ordinaire la rémunération, et alors tout dépend de la nature de ces services. Dans le cas où le bénéfice n'est pas autre chose qu'une libéralité, c'est toute personne capable de recueillir à titre gratuit. Il n'y a que les hommes qui puissent recevoir les bénéfices administratifs ou militaires ; seuls les clercs sont régulièrement nommés aux bénéfices ecclésiastiques. La précaire peut être concédée à n'importe qui. Aucune condition de capacité n'était donc requise du bénéficier en général ; ce pouvait être une femme comme un homme, un prêtre comme un laïque, l'infime agent d'une villa royale comme le personnage le plus considérable, un colon ou même un serf aussi bien qu'un homme libre. La reine en recevait du roi. Cette universalité serait inexplicable si le bénéfice était une tenure spéciale comme plus tard le fief ; elle se conçoit très-bien si l'on entend par là soit la récompense gracieuse d'un effort, soit un avantage purement gratuit.

Il y a cependant à cela une exception. A une époque où la fidélité devint inhérente à la plupart des bénéfices, les actes de partage de la monarchie franque défendirent aux fidèles d'un roi d'en acquérir dans le royaume de l'autre. Cette interdiction tenait, non à la nature de la concession, mais au rôle imposé à celui qui la sollicitait. Comme la fidélité, ainsi qu'il sera dit plus loin, faisait alors du bénéficier l'homme du concédant, la prohibition revenait à défendre à chaque roi de débaucher les sujets de ses frères. C'était une mesure de précaution, non une règle de droit ; il est certain qu'elle ne s'appliquait pas aux pures libéralités ni à celles dont les charges n'avaient rien d'inquiétant pour la politique à bon droit méfiante des Carlovingiens.

Pour le même motif, il n'y a pas plus de conditions générales de forme qu'il n'existait de conditions générales de fond. Tout dépend de la nature du bénéfice, autrement dit, des conditions moyennant lesquelles il est accordé. Il n'y a qu'un seul cas dans lequel les capitulaires touchent à cette question. Une procédure particulière était établie pour celui qui priait le roi de lui accorder un bénéfice en retour de son vasselage. Le solliciteur devait se munir d'une lettre du comte à l'appui de sa requête.

Les magistrats de son domicile procédaient à une enquête sur sa situation et ses sentiments ; c'était seulement après ces informations qu'il était statué sur la demande. L'investiture des grands bénéfices du royaume tel qu'un duché avait lieu avec solennité. Le roi prenait d'habitude le consentement un l'avis des grands comme pour tous ses actes de quelque importance. Il est bien évident que ce serait une erreur de voir là l'application d'une règle générale.

La durée de la concession est controversée. Aucun document n'affirme qu'elle ne pouvait être indéfinie, et quelques-uns offrent même des exemples du contraire. Rien n'est plus naturel, si l'on admet que le mot exprime, non une propriété ou un droit réel d'une nature particulière, mais le caractère théoriquement gratuit de l'acquisition. Pourquoi le donateur n'aurait-il pu se dépouiller à toujours aussi bien que pour un temps limité ?

Toutefois les textes ne parlent guère de bénéfices perpétuels ; mais ce silence n'a rien d'étonnant. D'abord ces bénéfices étaient nécessairement rares ; la plupart des services achetés par la concession auraient été trop payés si elle avait consisté dans une propriété définitive et non dans une jouissance temporaire. En second lieu, ils n'étaient guère de nature à frapper beaucoup l'attention ; acquis de suite et complètement au patrimoine du bénéficier, ils ne conservaient aucune trace de leur provenance. Ils ne donnaient pas lieu comme les autres à une lutte quelquefois très vive entre l'usager et le propriétaire. Enfin le souvenir de leur origine devait alors se perdre rapidement et cet oubli les soustraire à toute contestation.

Les bénéfices temporaires étaient donc les seuls dont il y eût intérêt à faire mention pour les raisons précisément opposées. Mais le terme en était nécessairement variable. Tout dépendait de la nature du service rémunéré. Les bénéfices attachés aux fonctions publiques comme appointements finissaient avec elles ; la révocation des unes entraînait celle des autres. Rien ne s'opposait à ce que la concession fût faite pour un temps déterminé, par exemple, pour un an ; cependant le plus grand nombre des bénéfices paraissent avoir été viagers. C'est ce qui arrivait nécessairement chaque fois que le service promis ne cessait qu'à la mort du bénéficier. Tel était notamment l'engagement des *vassi*, qui juraient de rester les hommes de leur seigneur, c'est-à-dire de se tenir à sa disposition chaque fois qu'il aurait besoin d'eux. A la même catégorie appartenait encore la solde, antrement dit le bénéfice qui faisait la récompense du service militaire et en permettait l'accomplissement. C'était toujours le cas des fonctions ecclésiastiques, très souvent celui de la précaire. A la fin de l'époque mérovingienne, il semble admis de plus en plus qu'une fonction ou une situation quelconque ne peuvent prendre fin qu'avec la vie de celui qui les occupe. Aussi ne faut-il pas s'étonner que dans la plupart des documents le mot bénéfice s'oppose à alleu et soit synonyme d'usufruit.

Toutefois, des causes diverses pouvaient faire cesser le bénéfice avant le temps convenu ou sous-entendu ; c'étaient toutes celles qui mettaient fin prématurément au service en vue duquel il avait été concédé. Il ne peut en être autrement du moment que l'on considère le bénéfice comme le prix d'engagements spéciaux. Aussi trouvons-nous à toutes les époques des bénéfices de toutes les catégories. Il en est d'essentiellement révocables à la seule volonté du concédant : ce sont tous ceux qui rémunèrent les fonctions sans stabilité. Il en est d'autres dont se trouvent privés les bénéficiers infidèles à certains devoirs ; cela signifie que ces infractions à la loi commune ou professionnelle sont punies d'un retrait d'emploi. Quand Charlemagne recommande à son fils de ne priver sans raison personne de son bénéfice, il lui conseille simplement de garder les fonctionnaires ou les fidèles qu'il n'a pas de motifs sérieux de renvoyer.

Il faut expliquer de même la confirmation que fait chaque prince à son avènement au trône des bénéfices conférés par son prédécesseur. Cette confirmation revient à une double promesse : 1° le nouveau roi conserve à son service les officiers de toute sorte actuellement en fonctions ; 2° il ne cherchera à reprendre aucune des donations faites antérieurement aux laïques ou aux établissements ecclésiastiques. C'est la renonciation au droit dont on se prévalait alors si volontiers de n'être point lié par les actes de celui auquel on succède. En conclure que toute concession de bénéfice tombe de plein droit à la mort du concédant, c'est toujours commettre la même erreur, c'est-à-dire voir un caractère particulier du bénéfice dans ce qui n'est que la règle de la fonction ou l'application d'une pratique générale.

Enfin, quand les capitulaires défendent au recommandé d'abandonner le bénéfice qu'il a reçu, ils ne font que répéter la prohibition de quitter son seigneur. Ce qu'ils interdisent, c'est la résolution de l'engagement par la restitution du prix accepté.

C'est toujours en s'inspirant de la même idée qu'il faut répondre à l'une des questions les plus discutées de cette matière et qui peut être réputée insoluble, à en juger d'après le nombre et la contradiction des solutions proposées, si l'on persiste à voir dans le bénéfice un contrat soumis à des règles fixes, et non une modalité applicable à des contrats variés. Quelles étaient les obligations des bénéficiers ? Il n'y en avait qu'une, accomplir la chose dont le bénéfice était le prix. Elle n'existait même pas si la concession était une pure libéralité. L'objet en variait à l'infini dans le cas contraire. C'était, selon les circonstances, remplir une fonction, accomplir un travail, répondre en tout temps à l'appel militaire ; même exécuter des corvées ; puis à la fin et surtout observer le devoir de fidélité ; mais ces services n'étaient pas la conséquence, mais bien la cause de la concession. On ne les devait point parce qu'on avait reçu un bénéfice, on recevait un bénéfice parce qu'on les avait promis. Celui qui s'y serait engagé purement et simplement en aurait été tenu aussi bien que le bénéficier.

C'est ce que n'ont pas compris les historiens d'après lesquels le bénéfice
est une concession à charge de service militaire. Sans doute ce service,
ainsi qu'on l'a vu, est l'un de ceux que le roi, puis les seigneurs, quand ils
se substituent au roi, payent le plus volontiers de la remise d'un
bénéfice, mais ce n'était pas le seul ni même peut-être le plus fréquent.
Cette opinion n'est-elle pas d'ailleurs en contradiction avec la qualité du
bénéficier qui est souvent une femme, un serf, un homme d'église, en un mot,
une personne incapable de porter les armes ?

Parmi tous les services achetés par la concession d'une terre ou de tout
autre bien, il en est un cependant qui a singulièrement contribué à transfor-
mer l'idée de bénéfice. Quand l'habitude de distribuer des bénéfices aux
vassi se fut généralisée, on voit de plus en plus dans le bénéfice une concession de terre à condition de fidélité. C'est comme une tenure dont le possesseur est astreint pour redevance à se faire l'homme du roi ou d'un seigneur
et à remplir les devoirs attachés à cette situation. Mais il faut bien se garder
ici d'une confusion fréquente. Ce qui produit le devoir de fidélité, c'est la vassalité, ce n'est pas le bénéfice. L'homme en est tenu à cause de son serment et
non de la concession, comme *vassus* et non comme bénéficier. L'une de ces
deux qualités accompagnait ordinairement l'autre, elle ne l'entraînait pas
nécessairement ; elles résultaient de deux actes parfaitement distincts, quoique
ordinairement réunis. Toutefois le besoin de se procurer des *vassi* et l'impos-
sibilité d'en avoir sans bourse délier donnèrent naissance à une pratique qui
rendit bientôt les deux choses inséparables. D'une part, il passa tout à fait
en coutume, sinon en principe, qu'en dehors d'un engagement exprès il
n'était rien dû au roi ; s'il avait besoin des services de quelqu'un, il ne pouvait
plus les exiger, mais il devait les payer ; quand il recevait le serment d'un
vassus, le roi était ainsi amené nécessairement à lui conférer un bénéfice.
D'autre part, afin d'économiser ses ressources, il prit l'habitude de n'accorder plus aucune faveur et par conséquent de ne conférer aucun bénéfice
sans avoir au préalable exigé du concessionnaire le serment de fidélité. De
cette manière, les deux actes longtemps distincts en fait comme en droit,
pendant quelque temps réunis en fait, deviennent inséparables même en droit.

A quel moment cette transformation de l'idée de bénéfice se trouva-t-elle
accomplie ? C'est ce qu'il est difficile de préciser. Au commencement du
IXe siècle, le bénéfice n'a encore pris aucun caractère particulier. Ceux dont
il est question dans le polyptyque d'Irminon et dans celui de Saint-Remy,
et que rien ne distingue des bénéfices royaux, ne donnaient lieu qu'à des
services de la plus infime espèce. La condition modeste des bénéficiers
exclut la supposition que personne ait eu intérêt à acheter leur dévouement. Les diplômes de la première moitié du règne de Charles le
Chauve sont les premiers qui, tout en faisant le plus souvent du bénéfice
la rémunération d'un autre service, y mettent pour condition la fidélité.
Comme le roi n'avait plus guère alors de sujets parmi les grands que ceux

qui s'étaient reconnus ses *vassi*, il y a lieu de supposer que c'est la fidélité
dont on est tenu comme *vassus* et non celle à laquelle on est astreint comme
sujet dont il est ici question. Ce serait donc à partir de cette époque que la
concession de bénéfice aurait eu pour effet, sinon la fidélité, du moins
l'obligation de la promettre.

Toutefois, il y a une charge très-importante qu'on peut rapporter au bénéfice même et considérer comme une conséquence directe de la concession.
Quand celle-ci avait pour objet la jouissance temporaire d'une terre, le devoir
du bénéficier était d'en assurer la conservation. Véritable usufruitier, il
avait, en même temps que les droits, les obligations attachées à ce titre. Il
ne devait porter aucune atteinte à la propriété retenue par le concédant.
Ramener le bénéficier au sentiment et au respect de sa situation, c'était la
grande difficulté. Les nombreuses mesures prises par les capitulaires
montrent quels abus mettaient en péril la partie du domaine royal consti-
tuée en bénéfices.

III

Cette manière de se représenter le bénéfice paraît en contradiction avec le
rôle qu'on lui attribue d'ordinaire dans la formation de la féodalité. Si le bénéfice n'est pas une tenure, comment comprendre qu'il ait été l'origine du fief?
C'est là, personne ne l'ignore, la conclusion qu'on a tirée du célèbre capitulaire
de Kiersy-sur-Oise par lequel Charles le Chauve, en 877, proclama solennel-
lement l'hérédité des bénéfices. Puisqu'il a suffi de ce changement pour faire
naître le système féodal, c'est que ce système, semble-t-il, existait déjà de toutes
pièces, sauf une seule exception à laquelle l'édit aurait eu précisément pour effet
de mettre fin, l'hérédité; il y aurait donc entre le bénéfice et le fief une relation
qu'aucune explication ne peut méconnaître sous peine de s'avouer inexacte.

Bien que les derniers travaux auxquels le capitulaire de Kiersy a donné
lieu soient assez récents, il n'est cependant pas inutile d'en rappeler le
résultat, parce qu'il fournit une réponse péremptoire à cette première
objection.

D'abord, étant donné ce qu'on sait du bénéfice, il pourrait paraître étrange
qu'un simple acte législatif eût suffi, à rendre héréditaire ce qui n'était que
temporaire ou viager. Mais le doute fait place à l'incrédulité quand on constate la nature du document. Le fameux édit sans lequel beaucoup d'historiens
ont cru sérieusement qu'il n'y aurait jamais eu de féodalité, n'est rien moins
qu'une loi dans le sens propre de l'expression. Au moment où il se préparait,
sur l'appel du pape Jean VIII, à repasser en Italie pour la seconde fois,
Charles le Chauve convoqua une assemblée de tous les grands pour les amener à le suivre dans cette expédition et statuer sur la situation du royaume
en son absence. Ce qu'on appelle le capitulaire de Kiersy n'est pas autre
chose que le procès-verbal de cette réunion. Comme beaucoup de ses

compagnons et de ses serviteurs manifestaient la crainte que, s'ils mouraient
en Italie, leur office fût perdu pour leur famille, le roi décide le premier jour
qu'il ne pourra être pris en son absence aucune mesure définitive; puis, le
lendemain, il déclare formellement que la charge du défunt sera réservée à
son parent le plus proche. Après une simple espérance, il donne cette fois
une parole solennelle. Mais, dans les deux cas, ce n'est pas un droit qui est
proclamé, c'est un engagement qui est pris, indirectement d'abord, d'une
manière plus formelle ensuite. Il n'y a pas reconnaissance de l'hérédité, il y
a seulement promesse de ne pas donner à un autre qu'à l'héritier. Le roi
n'abandonne pas son droit de nomination, seulement il s'engage à n'en faire
usage qu'au profit de personnes déterminées. Son insistance à revenir sur
cette idée en termes différents montre dans ces paroles une intention et non
un simple accident de langage.

Ce fameux capitulaire n'est donc pas, comme on l'a cru pendant si longtemps, une sorte de constitution anarchique arrachée à la politique d'un
prince inhabile par l'ambition des grands soulevés. Les historiens des deux
derniers siècles ont reproché à Charles le Chauve d'avoir consommé la ruine
de l'autorité royale en la faisant passer de ses mains dans celle des seigneurs,
comme si une pareille révolution avait pu être produite par un moment de
faiblesse, ou empêchée par un instant d'énergie. C'est faire sortir un bien
grand effet d'une bien petite cause. Le capitulaire de Kiersy ne contient
qu'une mesure transitoire et toute de circonstance. Rien n'y ressemble à la
proclamation d'un principe nouveau contesté par la royauté dans sa force,
avoué enfin par elle dans son impuissance : l'hérédité des bénéfices et des
offices royaux. Charles-le-Chauve n'a pas eu le tort ou le mérite de fonder le
système féodal. Ce régime est l'œuvre des circonstances et non d'un homme.
Tant que la royauté a pu l'empêcher, elle l'a fait. Quand la pratique lui en fut
imposée, elle tâcha d'en tirer tout le parti possible. Le capitulaire de Kiersy
est un des indices, mais non une des causes de cette transformation.

Cependant, s'il n'est pas vrai que le capitulaire de Kiersy ait changé le
bénéfice en fief, il n'en est pas moins certain que les fiefs ont porté pendant
longtemps le nom de bénéfices. C'est donc qu'à défaut d'identité il y a entre
eux du moins parenté. L'une n'est-elle pas aussi inexplicable que l'autre, avec
toutes les différences qui séparent le bénéfice et le fief? Le bénéfice n'est qu'une
prestation pouvant consister en toute espèce de choses, et être faite à toute
espèce de personnes, dont le seul caractère permanent est d'être concédée, en
réalité ou en apparence, à titre de bienfait. Le fief, au contraire, est une terre
dont le propriétaire, maître et seigneur chez lui, est tenu envers un autre,
sous peine de violer un devoir de fidélité très-étroit, à des services d'un ordre
relevé, tels que le service militaire, la participation au jugement de la cour
seigneuriale. Le bénéfice est la qualité d'un acte, la modalité d'un contrat,
bien plus qu'un contrat ou un acte distinct. Le fief est au contraire une
tenure dont les conditions ont été réglées et les effets déterminés avec la

plus grande précision. Donner à l'un le nom de l'autre, n'est-ce pas réunir sous une même dénomination des choses qui sont, non pas même contraires, mais tout à fait différentes?

Il y a là certainement une cause fâcheuse de confusion ; mais deux raisons expliquent cependant sans difficulté pourquoi le bénéfice s'est, pendant si longtemps, appelé fief.

1° D'abord, s'il n'existe pas même un rapport d'opposition entre le bénéfice et le fief, ce n'est vrai que du bénéfice en général et non de tous les bénéfices. Or, il en est une espèce qui, sans être l'unique, ni même la principale cause de la féodalité, en a du moins singulièrement facilité la naissance, ce sont les concessions faites par les seigneurs à leurs *vassi*, dont il a été question. Dans le principe les rapports qui en résultaient étaient purement personnels. L'engagement ne produisait d'effet qu'entre les deux contractants. Mais dès le ixe siècle la vassalité devint réelle ou territoriale. Le lien s'établit entre le domaine d'où avait été détaché le bénéfice, et le bénéfice qui en provenait. Si le *vassus* disposait de sa concession, l'acquéreur se trouvait de plein droit astreint aux mêmes obligations que lui. Il suffisait désormais, pour que le régime féodal fût définitivement constitué, que les particuliers, *vassi* ou seigneurs, se fussent substitués sur leurs terres à l'autorité publique. Or, en devenant fief par le renforcement du lien et la puissance nouvelle du possesseur, le bénéfice n'avait point perdu son caractère primitif ; c'était toujours une chose concédée à titre de bienfait ; le mot de *beneficium* continuait à lui être applicable.

2° Il est vrai que cette explication convient seulement aux fiefs que cette lente transformation fit sortir des bénéfices. Mais une autre raison montre pourquoi l'expression de bénéfice s'applique également aux fiefs érigés de toutes pièces quand le système féodal fut soumis à des règles fixes. On sait comment s'accomplissait l'acte par lequel un seigneur séparait une partie de son domaine pour en faire un fief, ou, ce qui revient au même, renouvelait au profit d'un nouveau vassal une ancienne concession : le seigneur était présumé faire une donation, et c'était précisément en retour de cette libéralité que le vassal lui promettait la fidélité avec toutes ses charges. Que trouvons-nous là, sinon un bénéfice dans le sens constant de l'expression, c'est-à-dire un bienfait dont l'auteur est supposé ne poursuivre aucune spéculation, mais ne se réserver qu'un titre à la reconnaissance ? Si le fief s'est si longtemps appelé bénéfice, c'est donc non seulement parce qu'il a un bénéfice pour origine, mais parce qu'il est lui-même un bénéfice à la façon dont les contemporains, sinon les modernes, l'ont toujours entendu.

En résumé, le bénéfice n'est pas une tenure, bien que certaines tenures soient des bénéfices. Si l'on veut dégager une idée générale des nombreux cas particuliers et très-différents où les textes nous apprennent qu'une chose est donnée en bénéfice, il faut dire que ce qui les caractérise, c'est l'intention bienveillante qui est réputée avoir présidé à la concession. Le mot a con-

servé jusqu'à la fin sa signification primitive qui est celle de bienfait ; chaque
fois qu'il y a bienfait, il y a bénéfice. Rien n'est donc plus vain que de cher-
cher à formuler en règles les conditions et les effets de la concession. Ces
règles sont celles des actes variés et très-différents les uns des autres, tels
que nomination à des fonctions lucratives, constitution de propriété ou
d'usufruit, prestation en précaire, octroi d'immunité, dans lesquels les circonstances permettent de voir un bienfait accordé par une personne à une
autre. Le rapprochement qu'on en fait pour former une prétendue théorie
générale des bénéfices, donne l'assemblage le plus hétérogène des choses les
plus disparates. Ce résultat a fait croire qu'il existait au moyen âge une
grande complication des relations juridiques, incompatibles cependant avec des
habitudes dont la grossièreté avait du moins pour correctif la simplicité. Ce qui
est difficile à démêler dans tout ce qui nous vient de cette époque, ce ne
sont pas les idées, c'est le langage. La même pauvreté intellectuelle qui rend
les premières très-nettes parce qu'elles sont peu nombreuses, rend le second
très-confus parce qu'il est encore imparfait. Tantôt la même chose est dési-
gnée par plusieurs mots ; tantôt les mêmes mots servent à désigner plusieurs
choses. Ce qu'il importait, c'est de distinguer toutes celles auxquelles
s'applique cette dénomination si vague et si employée de bénéfice.

MACON, PROTAT FRÈRES, IMPRIMEURS

Le *Compte rendu du Congrès scientifique international des Catholiques* paraît en 8 fascicules formant un total de plus de 2.000 pages.

Le prix du Compte rendu complet est de 20 francs.

Les fascicules ne se vendent pas séparément.

Le *Compte rendu* se vend à l'Institut catholique de Paris, rue de Vaugirard, 74, et chez M. Alph. PICARD, éditeur, 82, rue Bonaparte.

MACON, PROTAT FRÈRES, IMPRIMEURS